AF177370

Die Erfindung
der Freimaurer

Rechte, Ideale und Engagement

Eine Betrachtung

von

Lutz Spilker

DIE ERFINDUNG DER FREIMAURER – RECHTE, IDEALE UND ENGAGEMENT

Bibliografische Information der Deutschen Nationalbibliothek:
Die Deutsche Nationalbibliothek verzeichnet diese Publikation in der Deutschen Nationalbibliografie; detaillierte bibliografische Daten sind im Internet über http://dnb.dnb.de abrufbar.

Softcover ISBN: 978-3-384-20409-7
Ebook ISBN: 978-3-384-20410-3

Druck und Distribution im Auftrag des Autors:
tredition GmbH, An der Strusbek 10, 22926 Ahrensburg, Germany

Inhalt

Es gibt eine weitverbreitete Brüderschaft, die Freimaurer; sie erkennen sich an einem geheimen Zeichen und sind gern bereit, Fremde, die zu ihrem Bund gehören, zuvorkommend und freundlich aufzunehmen und kräftig zu unterstützen.

Wilhelm Busch

Heinrich Christian Wilhelm Busch (* 14. April 1832 in Wiedensahl; † 9. Januar 1908 in Mechtshausen) war einer der einflussreichsten humoristischen Dichter und Zeichner Deutschlands. Zudem war er als von niederländischen Meistern beeinflusster Maler tätig.

Vorwort

Die Frage nach der Gemeinsamkeit folgender Persönlichkeiten könnte mit einem Schulterzucken quittiert werden, denn wer würde darauf tippen, dass diese Herren Freimaurerlogen angehörten: George Washington, Benjamin Franklin, Voltaire, Wolfgang Amadeus Mozart und auch Winston Churchill.

Auf den folgenden Seiten wollen wir uns näher mit dieser spannenden Thematik befassen.

Es ist eine faszinierende Reise durch die Zeiten, die vor uns liegt, wenn wir uns mit dem Thema der Freimaurer beschäftigen. Dieses Buch führt uns tief in die Geschichte und das mysteriöse Geflecht dieser Bruderschaft ein, die seit Jahrhunderten die Neugier und das Interesse von Menschen auf der ganzen Welt geweckt hat.

Die Freimaurer, mit ihren geheimnisvollen Ritualen und symbolischen Traditionen, haben im Laufe der Geschichte eine Aura des Mysteriösen um sich herum geschaffen. Dieser Mythos, der die Logen der Freimaurer umgibt, ist ebenso faszinierend wie die Organisation selbst. Es ist eine Tatsache, dass die Ungewissheit über die Aktivitäten der Freimaurer zu Spekulationen und Spekulationen geführt hat. Doch gleichzeitig ist es wichtig zu betonen, dass in den Logen der Freimaurer nichts geschieht, was mit den Begriffen ›kriminell‹ oder ›strafbar‹ in Verbindung gebracht werden kann.

Die Wurzeln der Freimaurer reichen weit zurück in die Vergangenheit, und ihre Geschichte ist reich an Ereignissen, Einflüssen und Veränderungen. In diesem Buch werden wir uns bemühen, einen nüchternen und sachlichen Blick auf die Entwicklung der Freimaurerei zu werfen. Von den Ursprüngen in den Bauhütten des Mittelalters bis zu den modernen Logen, die weltweit existieren, ist die Reise der Freimaurer eine, die mit Geheimnissen, Weisheit und einem Streben nach persönlicher und gesellschaftlicher Verbesserung verwoben ist.

Wir werden in diesem Buch die verschiedenen Strömungen und Interpretationen des Freimaurertums beleuchten, wobei der Schwerpunkt auf einer wissenschaftlichen Annäherung liegt. Das Ziel des Autors ist es, Licht auf die Geschichte der Freimaurer zu werfen, ohne in Spekulationen oder sensationelle Darstellungen abzudriften.

Möge dieses Buch dazu beitragen, die Schleier des Unbekannten zu lüften und ein tieferes Verständnis für die Erfindung der Freimaurer zu ermöglichen. Tauchen Sie ein in die Welt der Symbole, Rituale und Ideale dieser einzigartigen Bruderschaft und entdecken Sie die Spuren, die sie in der Geschichte hinterlassen hat.

Worauf lässt sich der Begriff ›Freimaurer‹ zurückführen?

Der Begriff ›Freimaurer‹ leitet sich vom mittelalterlichen Bauhandwerk ab. Ursprünglich waren Freimaurer Steinmetze, die während des Mittelalters für den Bau von Kathedralen und anderen bedeutenden Gebäuden verantwortlich waren. Das Wort setzt sich aus den beiden Teilen ›frei‹ und ›Maurer‹ zusammen. ›Frei‹ bezog sich darauf, dass diese Handwerker nicht an eine bestimmte Stadt oder Gemeinde gebunden waren, sondern frei umherreisen konnten, um an verschiedenen Bauprojekten zu arbeiten. ›Maurer‹ bezieht sich auf ihre Tätigkeit als Bauleute.

Im 17. und 18. Jahrhundert entwickelten sich in Europa Geheimgesellschaften oder Bruderschaften, die sich von diesen mittelalterlichen Bauhütten inspirieren ließen und sich als Fortführung der freien Steinmetztradition betrachteten. Diese Gruppen wurden als Freimaurerlogen bezeichnet, und der Begriff ›Freimaurer‹ wurde damit verbunden. Mit der Zeit entwickelten die Freimaurerlogen ihre eigenen Rituale, Symbole und Ideale, und sie wurden nicht mehr ausschließlich mit dem Bauwesen in Verbindung gebracht.

Die Wurzeln der Freimaurerei:
Ein Blick zurück in die Geschichte

Die Geschichte der Freimaurerei ist von einer Vielzahl kultureller, gesellschaftlicher und historischer Einflüsse geprägt. Um die Ursprünge dieser mysteriösen Organisation zu verstehen, müssen wir weit zurückblicken, in eine Zeit, in der die Welt von geheimen Gesellschaften und handwerklichen Zünften geprägt war.

Die Welt des Mittelalters

Im Mittelalter, einer Zeit der monarchischen Herrschaft und des religiösen Glaubens, bildeten sich in Europa Zünfte und Handwerkerverbände heraus. Diese Organisationen, die sich auf bestimmte handwerkliche Fähigkeiten und Berufe konzentrierten, dienten dazu, Standards zu setzen, Wissen zu bewahren und die Interessen ihrer Mitglieder zu schützen. Es wird angenommen, dass aus diesen handwerklichen Zünften einige der frühen Vorläufer der Freimaurerei hervorgingen.

Die Bauhütten des Mittelalters

Besonders relevant für die Entwicklung der Freimaurerei waren die sogenannten Bauhütten des Mittelalters. Diese waren Gemeinschaften von Steinmetzen und Baumeistern, die für den Bau der prächtigen Kathedralen und anderen bedeutenden Gebäuden verantwortlich waren. Die Bauhütten waren Orte des Wissenstransfers, der Ausbildung und des kollektiven Schutzes für ihre Mitglieder.

Geheime Gesellschaften und spirituelle Strömungen

Parallel zu den handwerklichen Zünften und Bauhütten entstanden im Mittelalter auch geheime Gesellschaften und spirituelle Bewegungen, die sich der Erforschung von Mystik, Alchemie und Philosophie widmeten. Diese Gruppen waren oft geheimnisvoll und esoterisch, und einige Forscher glauben, dass sie einen Einfluss auf die frühe Freimaurerei hatten.

Die Renaissance und die Aufklärung

Mit dem Aufkommen der Renaissance und später der Aufklärung in Europa erlebte die Freimaurerei eine weitere Entwicklung. Die Renaissance brachte ein Wiederaufleben des Interesses an antiken Idealen und Wissenschaften mit sich, während die Aufklärung die Ideen von Vernunft, Freiheit und Toleranz vorantrieb. Diese philosophischen Strömungen beeinflussten auch die Freimaurerei und prägten ihre Ideale von Brüderlichkeit, Toleranz und persönlicher Entwicklung.

Zusammenfassung

Die Ursprünge der Freimaurerei sind tief in der Geschichte verwurzelt, von den handwerklichen Traditionen des Mittelalters bis zu den philosophischen Strömungen der Renaissance und der Aufklärung. Die Freimaurerei ist das Produkt einer langen Entwicklung, die von den sozialen, kulturellen und intellektuellen Strömungen ihrer Zeit geprägt wurde. Um ihre Geschichte vollständig zu verstehen, müssen wir die verschiedenen Einflüsse und Kontexte berücksichtigen, die zu ihrer Entstehung beigetragen haben.

Die Gründung der ersten Freimaurerlogen

Die Ursprünge der Freimaurerei sind von einem Hauch der Geheimnisumwitterung umgeben, und die historischen Aufzeichnungen über die Gründung der ersten Freimaurerlogen sind nicht immer eindeutig. Dennoch lassen sich einige Schlüsselmomente und Entwicklungen identifizieren, die den Grundstein für die Entstehung dieser einzigartigen Bruderschaft legten.

Die Anfänge in England

Die Wurzeln der Freimaurerei werden oft mit dem mittelalterlichen Steinmetzhandwerk in Verbindung gebracht. Die Bauhütten, in denen Handwerker ihre Fähigkeiten und Geheimnisse austauschten, bildeten den Keim für die späteren Freimaurerlogen. Historisch belegt ist die Existenz von Handwerkervereinigungen, die sich im 16. und 17. Jahrhundert in England zu formieren begannen.

Die Gründung der Großloge von London

Der 24. Juni 1717 markiert einen entscheidenden Wendepunkt in der Geschichte der Freimaurerei. An diesem Tag versammelten sich vier Londoner Logen in der ›Goose and Gridiron Tavern‹* und gründeten die erste Großloge von London.

Die Wahl von Anthony Sayer zum ersten Großmeister der Großloge markierte einen organisatorischen Meilenstein und legte den Grundstein für die weitere Entwicklung der Freimaurerei.

---

* = Das Ale house at the Goose and Gridiron, einstmals in London am St. Pauls Churchyard gelegen, in der am 24. Juni 1717 die Gründung der ersten Großloge erfolgte, stand schon zur Zeit vor der großen Feuersbrunst von 1666, die fast ganz London zerstörte. Das Wirtshaus hieß nach einer der ersten Londoner Musikgesellschaften ›Mitra‹. Nach dem Brand wurde es neu aufgebaut und auf den Namen ›Lyra‹ umgetauft. Der musikalische Verein ›Apollo‹, der den Singschwan im Wappen führte, pflegte sich dort zu versammeln. Einem Scherz des Wirtes, eines originellen Patrons, verdankt der Name ›Gans und Bratrost‹ seine Entstehung. Um die Musikanten zu necken, ließ er über dem Eingang den Schwan und die Leier durch eine Gans ersetzen, die auf einem Bratrost klimperte. 1897 wurde das Schild anlässlich des Abbruches des Hauses den Sammlungen des Guildhall Museums einverleibt.

Quelle: Internationales Freimaurer-Lexikon von Eugen Lennhoff und Oskar Posner (1932)
→ https://www.freimaurer-wiki.de/index.php/Zur_Gans_und_zum_Bratrost

---

Die Expansion in Europa

Nach der Gründung der Großloge von London begann die Freimaurerei, sich über die britischen Inseln hinaus zu verbreiten. Logen entstanden in verschiedenen europäischen Ländern, und die Ideale der Freimaurerei fanden Anklang in unterschiedlichen kulturellen Kontexten.

Die Entstehung der Hochgrade

Im Laufe der Zeit entwickelten sich innerhalb der Freimaurerei verschiedene Grade und Riten. Die Hochgrade, wie beispielsweise der ›Schottische Ritus‹*, wurden eingeführt und erweiterten die philosophischen und symbolischen Dimensionen der Bruderschaft. Diese Entwicklung trug dazu bei, dass die Freimaurerei einen tieferen Einfluss auf die persönliche Entwicklung ihrer Mitglieder ausübte.

* = Der Alte und Angenommene Schottische Ritus ist das weltweit am meisten verbreitete System vertiefender und weiterführender Grade. Seine Mitglieder gewinnt er aus Brüdern, die aus regulären Freimaurerlogen kommen und den Meistergrad erreicht haben, in Deutschland insbesondere aus der Großloge der Alten Freien und Angenommenen Maurer von Deutschland (nicht jedoch von Großlogen, die ein eigenes System weiterführender Grade oder Erkenntnisstufen besitzen). Die Mitglieder werden in den Schottischen Ritus berufen, d. h. sie können sich nicht bewerben.

Der Alte und Angenommene Schottische Ritus ist eine in mehr als zweihundert Jahren gewachsene internationale brüderliche Gemeinschaft und weltweite Bruderschaft. Der deutsche Zweig wird durch seinen Obersten Rat repräsentiert. Dieser ist eine unabhängige freimaurerische Obödienz und territorial souverän. Oberste Räte gibt es in mehr als sechzig Staaten. Der Oberste Rat für Deutschland unterhält zu den meisten von ihnen – ebenso wie zu den Freimaurerorden Skandinaviens – freundschaftliche Beziehungen. Mit der Großen National-Mutterloge ›Zu den drei Weltkugeln‹ und der Großen Landesloge der Freimaurer von Deutschland – Freimaurerorden – bestehen Besuchsregelungen hinsichtlich der weiterführenden Grade (Erkenntnisstufen).

Quelle: QC-Wiki
→ https://www.freimaurer-wiki.de/index.php/Schottischer_Ritus

Die Freimaurerei im 18. Jahrhundert

Das 18. Jahrhundert war geprägt von einer Blütezeit der Freimaurerei. Logen entstanden in verschiedenen Teilen der Welt, und die Bruderschaft gewann an Einfluss in den gesellschaftlichen und intellektuellen Kreisen. Die Ideale der Aufklärung beeinflussten die Freimaurerei, die sich als Verfechter von Toleranz, Brüderlichkeit und persönlicher Entwicklung positionierte.

Die Gründung der ersten Freimaurerlogen markiert einen bedeutenden Abschnitt in der Geschichte dieser einzigartigen Bruderschaft. Die Entwicklung von einer einfachen Handwerkertradition zu einer internationalen, philosophisch geprägten Gemeinschaft spiegelt die Vielschichtigkeit und den Einfluss der Freimaurerei wider. Trotz der Rätselhaftigkeit, die sie oft umgibt, bleibt die Geschichte der Freimaurerei ein faszinierendes Kapitel in der Kultur und Tradition der Menschheit.

Geheime Rituale und Symbole: Die Anfänge der Freimaurerei

Die Freimaurerei, eine Bruderschaft mit einer tief verwurzelten Geschichte, hat die Neugier und das Interesse der Menschen seit langem geweckt. In diesem Kapitel werden wir uns den Ursprüngen der Freimaurerei widmen und dabei insbesondere auf ihre geheimen Rituale und Symbole eingehen, die das Fundament dieser mysteriösen Organisation bilden.

Historischer Kontext

Die Wurzeln der Freimaurerei reichen tief in die Geschichte zurück, wobei ihre Ursprünge oft von Mythen und Legenden umwoben sind. Einige Historiker verbinden die Freimaurerei mit den mittelalterlichen Bauhütten, in denen Steinmetze ihre handwerklichen Fähigkeiten verfeinerten. Mit der Zeit entwickelte sich aus diesen handwerklichen Gemeinschaften eine Geheimgesellschaft, die ihre Prinzipien auf Brüderlichkeit, Toleranz und moralische Grundsätze stützte.

Rituale der Einweihung

Die Freimaurerei ist bekannt für ihre elaborierten Einweihungsrituale, die symbolische Handlungen und tiefgreifende Zeremonien umfassen. Diese Rituale dienen dazu, die moralische Entwicklung und das Streben nach Wissen zu betonen.

Der Initiationsprozess symbolisiert metaphorisch die Reise des Einzelnen von der Unwissenheit zur Erleuchtung.

Die Bedeutung der Symbole

Symbole spielen eine zentrale Rolle in der freimaurerischen Tradition. Vom Allsehenden Auge bis hin zu symbolischen Werkzeugen repräsentieren diese Symbole eine tiefere Bedeutung, die nur Eingeweihten vollständig zugänglich ist. Durch die Dekodierung dieser Symbole versuchen Freimaurer, verborgene Wahrheiten und universelle Prinzipien zu enthüllen.

Geheime Bruderschaft oder Wissensgemeinschaft?

Die Freimaurerei hat oft den Ruf, eine geheime Gesellschaft zu sein, die im Verborgenen agiert. Doch für ihre Mitglieder ist sie eher eine Wissensgemeinschaft, die die persönliche Entwicklung und moralische Verfeinerung fördert. Die Geheimhaltung könnte dabei als Mittel verstanden werden, um die Bedeutung der Lehren zu schützen und den Ernst der Übermittlung zu betonen.

Einfluss auf die Gesellschaft

Die Freimaurerei hat im Laufe der Geschichte Einfluss auf verschiedene gesellschaftliche und politische Entwicklungen genommen. Obwohl einige behaupten, dass sie im Hintergrund die Fäden zieht, betonen andere den philanthropischen Charakter der Bruderschaft, der sich in Wohltätigkeitsarbeit und sozialem Engagement manifestiert.

In diesem Kapitel haben wir einen Einblick in die Anfänge der Freimaurerei gewonnen, indem wir uns auf ihre geheimen Rituale und Symbole konzentriert haben. Die Freimaurerei bleibt jedoch weiterhin von Mysterien umgeben, und ihre wahre Natur kann nur von denen vollständig verstanden werden, die den Weg der Einweihung gegangen sind.

Die Expansion und Verbreitung im 18. Jahrhundert: Eine Ära des Wandels

Das 18. Jahrhundert war eine Zeit des Umbruchs und der Veränderung in Europa. Die Aufklärung brachte neue Ideen von Vernunft, Wissenschaft und Freiheit hervor, während sich die politische und gesellschaftliche Landschaft transformierte. Inmitten dieser turbulenten Zeit erlebte die Freimaurerei eine Phase der Expansion und Verbreitung, die sie zu einer der einflussreichsten geheimen Gesellschaften ihrer Zeit machte.

Die Blütezeit der Logen

Während des 18. Jahrhunderts erlebte die Freimaurerei einen enormen Zuwachs an Mitgliedern und Einfluss. Neue Logen entstanden in ganz Europa, von England und Frankreich bis nach Deutschland und Russland. Diese Logen waren Zentren des intellektuellen Austauschs, der politischen Diskussionen und der sozialen Vernetzung. Sie zogen Menschen aus allen Schichten der Gesellschaft an, von Adligen und Gelehrten bis zu Handwerkern und Händlern.

Die Rolle der Aufklärung

Die Ideale der Aufklärung, wie Vernunft, Toleranz und Brüderlichkeit, bildeten den intellektuellen Hintergrund für die Expansion der Freimaurerei im 18. Jahrhundert. Viele der führenden Köpfe der Aufklärung waren selbst Freimaurer und förderten die Ideen der Organisation in ihren Schriften und Diskussionen. Die Freimaurerei wurde zu einem Ort, an dem die Ideale der Aufklärung in die Praxis umgesetzt wurden, indem sie eine Plattform für den Austausch von Ideen und die Förderung des individuellen und gesellschaftlichen Fortschritts bot.

Ein transnationales Netzwerk

Die Freimaurerei entwickelte sich im 18. Jahrhundert zu einem transnationalen Netzwerk, das über die Grenzen Europas hinausreichte. Freimaurerische Ideen und Praktiken wurden über den Atlantik nach Nordamerika getragen, wo die Organisation eine wichtige Rolle bei der Gestaltung der politischen und gesellschaftlichen Entwicklung spielte. Darüber hinaus breiteten sich die Logen auch nach Übersee aus, in die Kolonien und Handelszentren der europäischen Mächte.

Zusammenfassung

Das 18. Jahrhundert war eine Zeit der Expansion und Verbreitung für die Freimaurerei, die zu einer der prägenden geheimen Gesellschaften ihrer Zeit wurde. Die Organisation profitierte von den Idealen der Aufklärung und entwickelte sich zu einem transnationalen Netzwerk von Logen, das Menschen aus allen Schichten der Gesellschaft anzog. Durch ihre Präsenz in Europa und darüber hinaus trug die Freimaurerei maßgeblich zur intellektuellen und gesellschaftlichen Entwicklung ihrer Zeit bei.

Die Rolle der Freimaurer während der Aufklärung

Die Epoche der Aufklärung, die sich im 17. und 18. Jahrhundert in Europa entfaltete, markierte eine bedeutende Periode intellektueller, sozialer und politischer Umwälzungen.

Innerhalb dieses umfassenden Wandels spielten die Freimaurer eine einzigartige und faszinierende Rolle. Das Kapitel ›Die Rolle der Freimaurer während der Aufklärung‹ wirft einen Blick auf die Verbindung zwischen der Freimaurerei und den Idealen der Aufklärung.

Hintergrund der Aufklärung

Die Aufklärung war eine Ära des Denkens und der Vernunft, die sich gegenüber Dogmen und Autoritäten kritisch positionierte. Philosophen wie Voltaire, Rousseau und Kant prägten diese Zeit mit ihren Ideen von individueller Freiheit, Gleichheit und dem Streben nach Wissen. Die Aufklärung förderte den Glauben an die Kraft der menschlichen Vernunft, um gesellschaftlichen Fortschritt und Wohlstand zu erreichen.

Entstehung der Freimaurerei

Die Ursprünge der Freimaurerei sind historisch schwer zu verfolgen, aber ihre Wurzeln werden oft mit den mittelalterlichen Steinmetzgilden in Verbindung gebracht. Mit der Zeit entwickelte sich die Freimaurerei zu einer geheimen Gesellschaft, die ihre Mitglieder durch Rituale, Symbole und moralische Prinzipien verband.

Ideale und Werte der Freimaurer

Während der Aufklärung nahmen die Freimaurer viele der Ideale dieser Zeit in ihre Struktur auf. Der Fokus auf Vernunft, Toleranz, Brüderlichkeit und humanistischen Werten spiegelte die Prinzipien der Aufklärung wider. Die Freimaurer strebten danach, moralisch integre Individuen zu formen, die sich für das Gemeinwohl einsetzten.

Die Freimaurerei als Ort des freien Denkens

In einer Zeit, in der religiöse und politische Autoritäten starken Einfluss ausübten, bot die Freimaurerei einen Raum für freies Denken und Diskussionen. Die Logen wurden zu Orten, an denen Ideen ohne Furcht vor Repressalien ausgetauscht werden konnten, und trugen somit zur Verbreitung aufklärerischer Prinzipien bei.

Einfluss auf die Gesellschaft

Die Freimaurer beeinflussten aktiv die Gesellschaft ihrer Zeit. Durch ihre Präsenz in verschiedenen sozialen Schichten und Berufsgruppen konnten sie Ideen der Aufklärung in unterschiedlichen Kontexten verbreiten. Ihr Einfluss erstreckte sich über Kunst, Politik und Wissenschaft.

Zusammenfassung

Die Rolle der Freimaurer während der Aufklärung war komplex und vielschichtig. Als Hüter von Idealen wie Vernunft, Toleranz und Brüderlichkeit trugen sie wesentlich zur Verbreitung der aufklärerischen Prinzipien bei. Ihre Logen fungierten als Orte des freien Denkens, die eine kritische Reflexion über gesellschaftliche Strukturen ermöglichten. Dieses Kapitel hebt die Verflechtungen zwischen der Freimaurerei und der Aufklärung hervor, die bis heute Gegenstand weiterer Forschung und Diskussion sind.

Freimaurerei und politischer Einfluss im 18. und 19. Jahrhundert - Die Macht der Logen

Die Freimaurerei des 18. und 19. Jahrhunderts war nicht nur eine Vereinigung von Gleichgesinnten, sondern auch ein bedeutender politischer Akteur. Die Logen, die sich über Europa und darüber hinaus erstreckten, entwickelten eine beträchtliche politische Macht und beeinflussten die Geschicke der Nationen auf vielfältige Weise.

Netzwerke der Macht

Die Freimaurerlogen waren nicht nur Orte des intellektuellen Austauschs und der Brüderlichkeit, sondern auch Netzwerke politischer Macht. In den Logen versammelten sich Menschen aus verschiedenen gesellschaftlichen Schichten und Berufen, darunter Adlige, Gelehrte, Künstler, Militärs und Handwerker. Diese Vielfalt ermöglichte es den Logen, einflussreiche Netzwerke zu bilden, die weit über die Logenräume hinausreichten.

Politische Einflussnahme

Die Freimaurerei übte ihren politischen Einfluss auf verschiedene Weisen aus. Zum einen dienten die Logen als Plattform für politische Diskussionen und Debatten, in denen Ideen ausgetauscht und politische Strategien entwickelt wurden. Zum anderen waren viele führende Politiker und Staatsmänner ihrer Zeit Mitglieder der Freimaurerei und nutzten ihre Verbindungen zu anderen Logenmitgliedern, um politische Ziele zu verfolgen.

Die Rolle der Revolutionen

Die politische Landschaft des 18. und 19. Jahrhunderts wurde von Revolutionen und politischen Umwälzungen geprägt, und die Freimaurerei spielte in vielen dieser Ereignisse eine Rolle. In den USA trugen Freimaurer wie George Washington und Benjamin Franklin zur Gründung der Nation bei, während in Europa Freimaurer an Revolutionen wie der Französischen Revolution beteiligt waren und die Ideale von Freiheit, Gleichheit und Brüderlichkeit unterstützten.

Kritik und Kontroversen

Trotz ihres politischen Einflusses waren die Freimaurer auch Gegenstand von Kritik und Kontroversen. Einige Kritiker sahen in der Freimaurerei eine Bedrohung für die etablierte Ordnung und warfen den Logen vor, geheime Pläne zur Untergrabung der Regierung zu verfolgen. Diese Vorwürfe führten zu verschiedenen Verboten und Einschränkungen der Freimaurerei in verschiedenen Ländern.

Zusammenfassung

Die Freimaurerei des 18. und 19. Jahrhunderts war ein bedeutender politischer Akteur, der die Geschicke der Nationen auf vielfältige Weise beeinflusste. Durch ihre Netzwerke der Macht und ihre politische Einflussnahme trugen die Logen zur Gestaltung der politischen Landschaft ihrer Zeit bei und spielten eine wichtige Rolle in den politischen Ereignissen und Revolutionen des 18. und 19. Jahrhunderts.

Logenleben im 19. Jahrhundert: Bräuche und Strukturen - Die Struktur der Freimaurerlogen

Im 19. Jahrhundert waren die Freimaurerlogen in verschiedene Grade und Rituale strukturiert, die das Logenleben prägten. Die grundlegenden Grade umfassten den Lehrling, den Gesellen und den Meister. Jeder Grad hatte seine eigenen Rituale, Symbole und Lehren, die den Mitgliedern dabei halfen, sich persönlich und spirituell weiterzuentwickeln. Darüber hinaus gab es höhere Grade, die es den Mitgliedern ermöglichten, ihr Wissen und ihre Erfahrung zu vertiefen und sich in spezifischen Bereichen der Freimaurerei zu spezialisieren.

Rituale und Zeremonien

Die Rituale und Zeremonien waren ein zentraler Bestandteil des Logenlebens im 19. Jahrhundert. Zu den wichtigsten Zeremonien gehörten die Einweihungsrituale für neue Mitglieder, bei denen sie symbolisch in die Geheimnisse und Traditionen der Freimaurerei eingeführt wurden. Diese Zeremonien wurden mit großer Sorgfalt und Präzision durchgeführt und trugen dazu bei, den Zusammenhalt und die Brüderlichkeit innerhalb der Logen zu stärken.

Symbolik und Symbole

Die Symbolik spielte eine zentrale Rolle im Logenleben des 19. Jahrhunderts und war ein Mittel zur Vermittlung von moralischen und spirituellen Lehren. Zu den wichtigsten Symbolen gehörten der Zirkel und das Winkelmaß, das Allsehende Auge und das Freimaurerische Schachbrett. Jedes Symbol hatte seine eigene Bedeutung und wurde während der Rituale und Zeremonien verwendet, um bestimmte Lehren zu vermitteln und den Mitgliedern eine tiefere spirituelle Erfahrung zu ermöglichen.

Gemeinschaft und Brüderlichkeit

Die Freimaurerlogen waren nicht nur Orte der rituellen Praxis, sondern auch Gemeinschaften von Gleichgesinnten, die sich in gegenseitiger Unterstützung und Brüderlichkeit vereinten. Die Mitglieder trafen sich regelmäßig zu gemeinsamen Veranstaltungen, Diskussionen und Festlichkeiten, bei denen sie ihre spirituellen und intellektuellen Interessen teilten und sich gegenseitig unterstützten. Diese Gemeinschaftsbindung war ein wichtiger Aspekt des Logenlebens im 19. Jahrhundert und trug dazu bei, den Zusammenhalt und die Solidarität innerhalb der Logen zu stärken.

Kulturelle und soziale Bedeutung

Das Logenleben im 19. Jahrhundert hatte nicht nur eine spirituelle und moralische Bedeutung, sondern auch eine kulturelle und soziale Dimension. Die Logen waren Zentren des intellektuellen Austauschs, der kulturellen Entwicklung und der sozialen Interaktion, die eine wichtige Rolle im gesellschaftlichen Leben ihrer Zeit spielten. Durch ihre Bräuche, Rituale und Strukturen prägten die Freimaurerlogen das kulturelle und intellektuelle Leben des 19. Jahrhunderts und trugen zur Entwicklung einer vielfältigen und dynamischen Gesellschaft bei.

Zusammenfassung

Das Logenleben im 19. Jahrhundert war geprägt von vielfältigen Bräuchen, Ritualen und Strukturen, die das spirituelle, moralische, kulturelle und soziale Leben der Freimaurerlogen bestimmten. Durch ihre gemeinsamen Aktivitäten, ihre Rituale und ihre Gemeinschaftsbindung trugen die Logen zur persönlichen Entwicklung, zur kulturellen Entwicklung und zum gesellschaftlichen Zusammenhalt ihrer Mitglieder bei und prägten das kulturelle und intellektuelle Leben des 19. Jahrhunderts maßgeblich mit.

Die Freimaurer im Zeitalter der Revolutionen - Eine Zeit des Umbruchs

Das Zeitalter der Revolutionen, das sich vom späten 18. bis zum frühen 19. Jahrhundert erstreckte, war eine Epoche intensiver politischer, gesellschaftlicher und kultureller Veränderungen. Inmitten dieser turbulenten Zeit spielten die Freimaurer eine bedeutende Rolle, indem sie sowohl an den Revolutionen selbst als auch an der Gestaltung der neuen politischen Ordnungen beteiligt waren.

Freimaurerei und die Amerikanische Revolution

Die Amerikanische Revolution, die in den 1770er Jahren zum Ausbruch kam, war ein Schlüsselmoment in der Geschichte der Freimaurerei. Viele der führenden Köpfe der Revolution, darunter George Washington, Benjamin Franklin und Thomas Jefferson, waren Freimaurer. Die Ideale der Freimaurerei, wie Freiheit, Gleichheit und Brüderlichkeit, spielten eine wichtige Rolle bei der Gestaltung der amerikanischen Unabhängigkeitserklärung und der Verfassung der Vereinigten Staaten.

Freimaurerei und die Französische Revolution

Auch in Frankreich spielten Freimaurer eine bedeutende Rolle während der Französischen Revolution. Viele der führenden Revolutionäre, wie etwa Marquis de Lafayette und Georges

Danton, waren Mitglieder von Freimaurerlogen. Die Freimaurerei propagierte Ideale wie Freiheit, Gleichheit und Brüderlichkeit, die im revolutionären Frankreich eine zentrale Rolle spielten. Allerdings führten politische Spannungen innerhalb der Freimaurerlogen auch zu Spaltungen und Konflikten während der Revolution.

Freimaurerei und die Lateinamerikanischen Unabhängigkeitsbewegungen

Während des 19. Jahrhunderts breiteten sich die Ideen der Freimaurerei auch in Lateinamerika aus, wo sie eine wichtige Rolle bei den Unabhängigkeitsbewegungen spielten. Viele der führenden Unabhängigkeitskämpfer, wie etwa Simón Bolívar und José de San Martín, waren Freimaurer und teilten die Ideale der Freimaurerei von Freiheit und Unabhängigkeit.

Kritik und Kontroversen

Trotz ihres Engagements für politische Veränderungen waren die Freimaurer auch Gegenstand von Kritik und Kontroversen. Einige Kritiker warfen den Logen vor, geheime Pläne zur Untergrabung der etablierten Ordnung zu verfolgen, während andere die Freimaurerei als elitäre und undemokratische Organisation betrachteten.

Zusammenfassung

Das Zeitalter der Revolutionen war eine Zeit intensiver politischer Veränderungen, in der die Freimaurerei eine bedeutende Rolle spielte. Von der Amerikanischen Revolution über die Französische Revolution bis hin zu den Unabhängigkeitsbewegungen in Lateinamerika waren Freimaurer an den wichtigsten politischen Ereignissen ihrer Zeit beteiligt und trugen dazu bei, die Ideale von Freiheit, Gleichheit und Brüderlichkeit zu verbreiten.

Freimaurer in Kunst und Literatur: Eine kulturelle Perspektive - Die Symbolik der Freimaurerei in der Kunst

Die Symbole und Rituale der Freimaurerei haben Künstler seit Jahrhunderten fasziniert und inspiriert. In der Kunst finden sich zahlreiche Darstellungen von freimaurerischen Symbolen wie dem Zirkel und dem Winkelmaß, dem Allsehenden Auge und dem Freimaurerischen Schachbrett. Diese Symbole wurden oft verwendet, um Ideen von Geheimnis, Mysterium und Brüderlichkeit zu vermitteln und haben einen festen Platz in der ikonographischen Tradition der Kunst.

Literarische Darstellungen von Freimaurern

Auch in der Literatur finden sich viele Darstellungen von Freimaurern und freimaurerischen Themen. Schriftsteller wie Johann Wolfgang von Goethe, Friedrich Schiller und Sir Walter Scott waren selbst Freimaurer und integrierten freimaurerische Motive und Ideale in ihre Werke. Zum Beispiel spielen freimaurerische Charaktere und Symbole eine wichtige Rolle in Goethes Drama ›Faust‹ und in Scotts Romanen ›Ivanhoe‹ und ›Rob Roy‹.

Die Freimaurerei als Thema der Kunst

Neben ihrer Verwendung als Motive in Kunst und Literatur wurde die Freimaurerei auch direkt zum Thema von Kunstwerken. So gibt es Gemälde und Skulpturen, die freimaurerische Szenen und Rituale darstellen oder freimaurerische Ideale wie Toleranz, Brüderlichkeit und persönliche Entwicklung zum Ausdruck bringen. Diese Kunstwerke dienen nicht nur dazu, die Geschichte und Traditionen der Freimaurerei zu bewahren, sondern auch dazu, ihre Ideale einer breiteren Öffentlichkeit zu vermitteln.

Kritik und Interpretation

Die Darstellung von Freimaurern in Kunst und Literatur war nicht immer positiv, und die Freimaurerei war oft Gegenstand von Kritik und Kontroversen. Einige Künstler und Schriftsteller sahen in der Freimaurerei eine Bedrohung für die etablierte Ordnung oder warfen den Logen vor, geheime Pläne zu verfolgen. Andere hingegen interpretierten die Freimaurerei als eine Quelle von Weisheit, Spiritualität und humanistischen Idealen.

Zusammenfassung

Die Freimaurerei hat einen tiefen und nachhaltigen Einfluss auf die Kunst und Literatur der vergangenen Jahrhunderte gehabt. Ihre Symbole, Rituale und Ideale haben Künstler und Schriftsteller inspiriert und dazu beigetragen, eine reiche und vielfältige kulturelle Tradition zu schaffen. Durch ihre Darstellung in Kunst und Literatur wurde die Freimaurerei nicht nur als geheime Gesellschaft, sondern auch als Quelle von Weisheit, Inspiration und humanistischen Idealen wahrgenommen.

Die Freimaurerei im 20. Jahrhundert: Herausforderungen und Veränderungen - Das Zeitalter des Wandels

Das 20. Jahrhundert war eine Zeit des Wandels und der Herausforderungen für die Freimaurerei. In diesem Kapitel werden wir uns mit den bedeutendsten Veränderungen und Herausforderungen beschäftigen, denen die Freimaurerei im Verlauf dieses turbulenten Jahrhunderts gegenüberstand.

Politische Herausforderungen

Während des 20. Jahrhunderts war die Freimaurerei oft politischen Repressionen und Einschränkungen ausgesetzt. In totalitären Regimen wie dem Nationalsozialismus, dem Faschismus und dem Kommunismus wurden Freimaurerlogen verboten und verfolgt. Viele Freimaurer wurden inhaftiert, gefoltert oder ermordet aufgrund ihres Engagements für Freiheit, Toleranz und Menschenrechte.

Gesellschaftliche Veränderungen

Das 20. Jahrhundert brachte auch tiefgreifende gesellschaftliche Veränderungen mit sich, die die Freimaurerei beeinflussten. Die Modernisierung und Säkularisierung der Gesellschaft führten zu einem Rückgang der Mitgliederzahlen und einer zunehmenden Entfremdung von traditionellen Werten und Institutionen. Die Freimaurerei sah sich mit der Herausforderung konfrontiert, sich an diese veränderten gesellschaftlichen Bedingungen anzupassen und relevanter zu bleiben.

Internationale Expansion

Trotz der Herausforderungen des 20. Jahrhunderts expandierte die Freimaurerei auch international und etablierte sich in vielen Teilen der Welt. Neue Logen entstanden in Ländern auf der ganzen Welt, von Lateinamerika über Afrika bis nach Asien. Diese internationale Expansion trug dazu bei, die Ideale der Freimaurerei weltweit zu verbreiten und neue kulturelle Perspektiven in die Organisation einzubringen.

Die Suche nach Identität

Im 20. Jahrhundert sah sich die Freimaurerei mit der Herausforderung konfrontiert, ihre Identität in einer sich rasch verändernden Welt zu definieren. In einer Zeit, in der traditionelle Werte und Institutionen in Frage gestellt wurden, suchten viele Freimaurer nach einem neuen Verständnis ihrer Organisation und ihrer Ziele. Die Freimaurerei bemühte sich, ihre Werte von Brüderlichkeit, Toleranz und persönlicher Entwicklung zu betonen und sich als eine Kraft für positive Veränderungen in der Welt zu positionieren.

Zusammenfassung

Das 20. Jahrhundert war eine Zeit des Wandels und der Herausforderungen für die Freimaurerei. Trotz politischer Repressionen, gesellschaftlicher Veränderungen und internationaler Turbulenzen behielt die Freimaurerei ihre Ideale von Brüderlichkeit, Toleranz und persönlicher Entwicklung bei und setzte sich für Freiheit und Menschenrechte ein. In einer sich verändernden Welt suchte die Freimaurerei nach neuen Wegen, um relevant zu bleiben und ihre Werte zu verteidigen.

Die Freimaurer während der Weltkriege -
Eine Zeit der Turbulenzen

Die beiden Weltkriege des 20. Jahrhunderts waren Zeiten der Zerstörung, des Leids und der politischen Umwälzungen. Inmitten dieser turbulenten Ereignisse spielten die Freimaurer eine komplexe und vielschichtige Rolle, die geprägt war von Loyalität, Mut und humanitärem Engagement.

Herausforderungen und Anpassungen

Die Weltkriege stellten die Freimaurerei vor enorme Herausforderungen. In vielen Ländern wurden Freimaurerlogen verboten oder unterdrückt, und viele Freimaurer wurden verfolgt oder inhaftiert aufgrund ihrer Mitgliedschaft in der Organisation. Trotz dieser Widrigkeiten passten sich die Freimaurer an die veränderten Bedingungen an und setzten ihre Arbeit im Geheimen fort, um ihre Ideale von Brüderlichkeit, Toleranz und persönlicher Entwicklung aufrechtzuerhalten.

Humanitäres Engagement

Während der Weltkriege engagierten sich viele Freimaurer aktiv in humanitären Hilfsprojekten und Rettungsaktionen. In vielen Ländern richteten Freimaurerorganisationen Suppenküchen ein, verteilten Lebensmittel und Kleidung an Bedürftige und unterstützten Kriegsopfer und deren Familien. Darüber hinaus spielten Freimaurer eine wichtige Rolle bei der Unterstützung von Kriegsgefangenen und der Rettung von Verfolgten.

Geheime Kommunikation und Unterstützung

Die Freimaurerei diente auch als Plattform für geheime Kommunikation und Unterstützung während der Kriege. In vielen Ländern nutzten Freimaurer ihre Verbindungen und Netzwerke, um Informationen auszutauschen, Widerstandsbewegungen zu unterstützen und Verfolgten zu helfen, sich zu verstecken und zu entkommen. Diese geheime Arbeit war oft lebensgefährlich, aber viele Freimaurer setzten ihr Leben aufs Spiel, um anderen zu helfen.

Nachkriegszeit und Wiederaufbau

Nach dem Ende der Weltkriege spielten die Freimaurer eine wichtige Rolle beim Wiederaufbau und der Versöhnung in vielen Ländern. In Deutschland und anderen von Krieg betroffenen Ländern trugen Freimaurer zur Versöhnung zwischen ehemaligen Feinden bei und setzten sich für den Aufbau einer neuen, friedlichen Gesellschaft ein. In vielen Ländern wurde die Freimaurerei nach dem Krieg wieder legalisiert und nahm ihre Arbeit im öffentlichen Leben wieder auf.

Zusammenfassung

Die Weltkriege des 20. Jahrhunderts waren eine schwere Prüfung für die Freimaurerei, aber sie zeigten auch die Stärke und den Wert der Organisation in Zeiten der Not. Durch ihr humanitäres Engagement, ihre geheime Kommunikation und ihre Unterstützung für Verfolgte und Bedürftige bewiesen die Freimaurer ihre Einsatzbereitschaft und ihren Glauben an die Ideale von Brüderlichkeit, Toleranz und persönlicher Entwicklung, selbst unter den schwierigsten Bedingungen.

Die Rolle der Freimaurer in der Nachkriegszeit - Wiederaufbau und Versöhnung

Die Zeit nach den Weltkriegen war eine Ära des Wiederaufbaus, der Versöhnung und der Neuorientierung für viele Länder und Gesellschaften. In diesem Kapitel werden wir die bedeutende Rolle der Freimaurer in der Nachkriegszeit untersuchen und ihre Bemühungen um den Wiederaufbau und die Versöhnung beleuchten.

Humanitäre Hilfe und Wiederaufbau

Nach den Weltkriegen engagierten sich Freimaurer weltweit in humanitären Hilfsprojekten und beim Wiederaufbau der vom Krieg zerstörten Gesellschaften. Sie richteten Suppenküchen ein, verteilten Lebensmittel und Kleidung an Bedürftige und unterstützten den Wiederaufbau von Infrastruktur und Wohnhäusern. Ihre Bemühungen trugen dazu bei, das Leid der Kriegsopfer zu lindern und die Gemeinschaften wieder aufzubauen.

Förderung von Frieden und Versöhnung

Die Freimaurerei setzte sich nach den Weltkriegen auch aktiv für Frieden und Versöhnung ein. In vielen Ländern spielten Freimaurer eine wichtige Rolle bei der Förderung des interkulturellen Dialogs, der Verständigung zwischen ehemaligen Feinden und der Versöhnung zwischen verschiedenen Bevölkerungsgruppen. Sie organisierten Friedenskonferenzen, interreligiöse Dialoge und kulturelle Veranstaltungen, um den Frieden und die Versöhnung zu fördern.

Förderung von Demokratie und Menschenrechten

Die Freimaurerei setzte sich auch aktiv für Demokratie und Menschenrechte ein und kämpfte gegen autoritäre Regime und Unterdrückung. Freimaurerorganisationen unterstützten den Aufbau demokratischer Institutionen, die Förderung von Meinungsfreiheit und Pressefreiheit und den Schutz von Minderheitenrechten. Sie waren auch aktiv an der Verbreitung von Bildung und kultureller Entwicklung beteiligt, um eine freie und gerechte Gesellschaft aufzubauen.

Beitrag zur kulturellen und intellektuellen Entwicklung

Darüber hinaus leisteten Freimaurer einen wichtigen Beitrag zur kulturellen und intellektuellen Entwicklung in der Nachkriegszeit. Sie förderten Kunst und Kultur, unterstützten Bildungseinrichtungen und Forschungsprojekte und schufen Plattformen für den intellektuellen Austausch und die Diskussion. Ihre Bemühungen trugen dazu bei, die kulturelle Vielfalt und die intellektuelle Freiheit in der Nachkriegswelt zu fördern.

Zusammenfassung

Die Freimaurerei spielte eine bedeutende Rolle in der Nachkriegszeit und trug maßgeblich zum Wiederaufbau, zur Versöhnung und zur Förderung von Frieden, Demokratie und Menschenrechten bei. Durch ihr humanitäres Engagement, ihre Förderung von Frieden und Versöhnung, ihre Unterstützung von Demokratie und Menschenrechten und ihren Beitrag zur kulturellen und intellektuellen Entwicklung prägten die Freimaurer die Nachkriegswelt und setzten sich für eine bessere Zukunft ein.

Moderne Herausforderungen und Kritikpunkte - Die Freimaurerei im 21. Jahrhundert

Die Freimaurerei steht im 21. Jahrhundert vor einer Reihe von Herausforderungen und Kritikpunkten, die sich aus den sich verändernden gesellschaftlichen, kulturellen und politischen Bedingungen ergeben. In diesem Kapitel werden wir einige der wichtigsten modernen Herausforderungen und Kritikpunkte untersuchen, mit denen die Freimaurerei konfrontiert ist.

Gesellschaftlicher Wandel und Mitgliederschwund

Eine der größten Herausforderungen für die Freimaurerei im 21. Jahrhundert ist der Mitgliederschwund und die damit verbundene Herausforderung, relevanter und attraktiver für moderne Gesellschaften zu bleiben. Mit dem Wandel der gesellschaftlichen Normen und Werte ist es für die Freimaurerei schwieriger geworden, neue Mitglieder zu gewinnen und bestehende Mitglieder zu halten. Die Freimaurerei muss sich anpassen und neue Wege finden, um junge Menschen anzusprechen und sie für ihre Ideale zu begeistern.

Öffentlichkeitsarbeit und Transparenz

Ein weiterer Kritikpunkt an der Freimaurerei betrifft ihre Tradition der Geheimhaltung und Verschwiegenheit. In einer Zeit, in der Transparenz und Offenheit zunehmend geschätzt werden, wird die Geheimhaltung der Freimaurerei oft als verdächtig oder undemokratisch wahrgenommen. Die Freimaurerei muss sich daher bemühen, transparenter zu sein und ihre Aktivitäten und Ziele besser zu kommunizieren, um das Vertrauen der Öffentlichkeit zu gewinnen.

Relevanz und Aktualität

Ein weiteres Thema, das die Freimaurerei betrifft, ist ihre Relevanz und Aktualität in der modernen Welt. Einige Kritiker argumentieren, dass die Ideale und Praktiken der Freimaurerei veraltet sind und wenig Relevanz für das Leben im 21. Jahrhundert haben. Die Freimaurerei muss sich daher bemühen, ihre Ideale und Praktiken zu aktualisieren und an die Herausforderungen und Bedürfnisse der modernen Gesellschaft anzupassen, um relevant zu bleiben.

Interne Konflikte und Spaltungen

In einigen Ländern und Logen gibt es auch interne Konflikte und Spaltungen, die die Einheit und Stabilität der Freimaurerei beeinträchtigen. Unterschiedliche Auffassungen über die Ausrichtung und den Zweck der Freimaurerei sowie persönliche Konflikte und Machtkämpfe können zu Spannungen und Uneinigkeit innerhalb der Logen führen. Die Freimaurerei muss daher bestrebt sein, diese internen Konflikte zu lösen und die Einheit und Zusammenarbeit innerhalb der Organisation zu fördern.

Zusammenfassung

Die Freimaurerei steht im 21. Jahrhundert vor einer Reihe von Herausforderungen und Kritikpunkten, die sie bewältigen muss, um ihre Zukunft zu sichern. Durch Anpassung, Öffentlichkeitsarbeit und interne Harmonie kann die Freimaurerei weiterhin eine bedeutende Rolle in der Gesellschaft spielen und ihre Ideale von Brüderlichkeit, Toleranz und persönlicher Entwicklung weiterhin fördern.

Die Freimaurer und ihre Beziehung zur Religion - Die Vielfalt religiöser Überzeugungen

Die Beziehung der Freimaurerei zur Religion ist ein komplexes und vielschichtiges Thema, das die Vielfalt der religiösen Überzeugungen innerhalb der Freimaurerorganisation reflektiert. In diesem Kapitel werden wir die verschiedenen Aspekte dieser Beziehung untersuchen und die Rolle der Religion in der Freimaurerei näher betrachten.

Religiöse Toleranz und Offenheit

Ein zentraler Grundsatz der Freimaurerei ist die religiöse Toleranz und Offenheit. Freimaurerlogen sind grundsätzlich offen für Männer aller religiösen Überzeugungen und betonen die Bedeutung von Brüderlichkeit und Toleranz unabhängig von religiöser Zugehörigkeit. Die Freimaurerei verlangt von ihren Mitgliedern keine bestimmte religiöse Überzeugung, sondern ermutigt sie, ihren eigenen spirituellen Weg zu finden und zu pflegen.

Religiöse Symbole und Rituale

Obwohl die Freimaurerei keine spezifische religiöse Lehre oder Doktrin hat, enthält sie dennoch viele religiöse Symbole und Rituale, die ihren Ursprung in verschiedenen religiösen Traditionen haben. Diese Symbole und Rituale werden oft verwendet, um moralische und spirituelle Lehren zu vermitteln und die Mitglieder bei ihrer persönlichen Entwicklung zu unterstützen. Zu den religiösen Symbolen der Freimaurerei gehören unter anderem das Allsehende Auge, der Zirkel und das Winkelmaß sowie der Altar und die heiligen Schriften.

Spirituelle Entwicklung und Selbstreflexion

Für viele Freimaurer ist die Freimaurerei ein Weg der spirituellen Entwicklung und Selbstreflexion, der es ihnen ermöglicht, ihre persönliche Beziehung zur Religion zu vertiefen und zu erforschen. Durch die Teilnahme an freimaurerischen Ritualen und Zeremonien sowie durch den Austausch mit anderen Mitgliedern können Freimaurer ihre spirituellen Überzeugungen reflektieren und weiterentwickeln und einen tieferen Sinn und Zweck in ihrem Leben finden.

Kritik und Kontroversen

Trotz ihrer Betonung von religiöser Toleranz und Offenheit ist die Freimaurerei nicht frei von Kritik und Kontroversen in Bezug auf ihre Beziehung zur Religion. Einige religiöse Gruppen und Organisationen betrachten die Freimaurerei als unvereinbar mit ihren religiösen Überzeugungen und lehnen sie deshalb ab. Andere werfen der Freimaurerei vor, eine eigene Form von Religion zu sein oder religiöse Symbole und Rituale auf eine nicht angemessene Weise zu verwenden.

Zusammenfassung

Die Beziehung der Freimaurerei zur Religion ist geprägt von Vielfalt, Toleranz und Offenheit. Während die Freimaurerei keine spezifische religiöse Lehre oder Doktrin hat, betont sie den Wert von Brüderlichkeit, Toleranz und persönlicher Entwicklung unabhängig von religiöser Zugehörigkeit. Durch ihre religiösen Symbole und Rituale sowie durch ihre Betonung von spiritueller Entwicklung und Selbstreflexion bietet die Freimaurerei ihren Mitgliedern eine Plattform, um ihre persönliche Beziehung zur Religion zu erforschen und zu vertiefen. Trotz Kritik und Kontroversen bleibt die Freimaurerei ein Ort der spirituellen Suche und des gemeinsamen Wirkens für eine bessere Welt.

Frauen in der Freimaurerei: Entwicklung und Gegenwart - Die Rolle der Frauen in der Freimaurerei

Die Frage nach der Teilnahme von Frauen an der Freimaurerei ist ein Thema von langjährigen Diskussionen und Entwicklungen innerhalb der Organisation. In diesem Kapitel werden wir die Entwicklung der Teilnahme von Frauen in der Freimaurerei untersuchen und einen Blick auf ihre aktuelle Situation werfen.

Historische Hintergründe

Ursprünglich war die Freimaurerei eine rein männliche Organisation, die ihre Ursprünge in den Steinmetzgilden des Mittelalters hatte. Frauen waren von der Mitgliedschaft ausgeschlossen, und es gab strenge Regeln, die ihre Teilnahme verhinderten. Dies änderte sich jedoch im Laufe der Zeit, als sich neue Formen der Freimaurerei entwickelten und die Ideale von Gleichheit und Gerechtigkeit an Bedeutung gewannen.

Entwicklung der Frauenfreimaurerei

Im 18. und 19. Jahrhundert entstanden erste Formen der Frauenfreimaurerei, die es Frauen ermöglichten, an freimaurerischen Aktivitäten teilzunehmen. Diese frühen Organisationen waren jedoch oft informell und von den offiziellen, männlich dominierten Logen getrennt. Erst im 20. Jahrhundert begannen sich Frauenfreimaurerlogen als eigenständige Organisationen zu etablieren, die ihre eigenen Rituale, Symbole und Lehren entwickelten.

Gegenwärtige Situation

Heute gibt es weltweit eine Vielzahl von Frauenfreimaurerlogen, die Frauen die Möglichkeit bieten, an freimaurerischen Aktivitäten teilzunehmen. Diese Logen reichen von traditionellen, ritualbasierten Organisationen bis hin zu modernen, freidenkerischen Gruppen, die sich auf persönliche Entwicklung und spirituelles Wachstum konzentrieren. Frauenfreimaurerinnen engagieren sich auch in humanitären Projekten, Bildungsinitiativen und kulturellen Veranstaltungen, die die Ideale der Freimaurerei fördern.

Kontroversen und Herausforderungen

Die Teilnahme von Frauen an der Freimaurerei ist jedoch nicht ohne Kontroversen und Herausforderungen. Einige traditionelle Logen lehnen die Aufnahme von Frauen weiterhin ab und betrachten sie als Verletzung der freimaurerischen Tradition. Auch innerhalb der Frauenfreimaurerei gibt es unterschiedliche Ansichten über die richtige Ausrichtung und Praxis der Organisationen. Trotz dieser Herausforderungen setzen sich viele Frauen dafür ein, ihre Teilnahme an der Freimaurerei zu fördern und die Ideale von Brüderlichkeit, Toleranz und persönlicher Entwicklung zu verwirklichen.

Zusammenfassung

Die Teilnahme von Frauen an der Freimaurerei ist ein kontinuierlicher Prozess der Entwicklung und Veränderung, der die Vielfalt und Dynamik der Organisation widerspiegelt. Durch ihre Teilnahme tragen Frauen dazu bei, die Ideale der Freimaurerei zu erweitern und zu bereichern und eine neue Ära der Gleichheit und Gerechtigkeit in der Organisation zu schaffen. Trotz Kontroversen und Herausforderungen bleibt die Teilnahme von Frauen an der Freimaurerei ein wichtiger Schritt auf dem Weg zu einer inklusiveren und vielfältigeren Gesellschaft.

Internationale Freimaurerei: Logen in verschiedenen Ländern - Die weltweite Verbreitung der Freimaurerei

Die Freimaurerei ist eine international verbreitete Organisation, die in vielen Ländern der Welt vertreten ist. In diesem Kapitel werden wir einen Blick auf die verschiedenen Logen in verschiedenen Ländern werfen und ihre Vielfalt und Einzigartigkeit erkunden.

Europa: Die Wiege der Freimaurerei

Europa gilt als die Wiege der Freimaurerei, wo sie im 17. Jahrhundert entstand und sich verbreitete. Länder wie England, Frankreich, Deutschland und Italien haben eine lange Tradition in der Freimaurerei und beherbergen einige der ältesten und bedeutendsten Logen der Welt. Diese Logen haben ihre eigenen Rituale, Traditionen und Lehren, die sie von anderen Logen in anderen Teilen der Welt unterscheiden.

Nordamerika: Eine vielfältige Landschaft der Freimaurerei

In Nordamerika ist die Freimaurerei ebenfalls weit verbreitet und vielfältig. Die Vereinigten Staaten und Kanada haben eine reiche Geschichte der Freimaurerei, die bis in die Kolonialzeit zurückreicht. Heute gibt es Tausende von Logen in Nordamerika, die eine breite Palette von freimaurerischen Traditionen und Praktiken repräsentieren. Von den traditionellen, ritualbasierten Logen bis hin zu modernen, freidenkerischen Gruppen gibt es in Nordamerika eine große Vielfalt an freimaurerischen Organisationen.

Südamerika, Afrika, Asien und Ozeanien: Die Ausbreitung der Freimaurerei

Auch in Südamerika, Afrika, Asien und Ozeanien ist die Freimaurerei vertreten, wenn auch in unterschiedlichem Maße und mit unterschiedlichen Traditionen. In Ländern wie Brasilien, Argentinien, Südafrika, Indien und Australien gibt es eine wachsende Gemeinschaft von Freimaurern, die sich für die Ideale der Freimaurerei einsetzen und ihre Prinzipien in die Tat umsetzen. Diese Logen sind oft eng mit den kulturellen und gesellschaftlichen Bedingungen ihrer jeweiligen Länder verbunden und tragen dazu bei, die Freimaurerei in verschiedenen Teilen der Welt zu verbreiten und zu festigen.

Internationale Zusammenarbeit und Austausch

Trotz ihrer geografischen und kulturellen Unterschiede arbeiten die Logen in verschiedenen Ländern oft zusammen und pflegen enge Beziehungen zueinander. Durch internationale Treffen, Konferenzen und Austauschprogramme fördern sie den interkulturellen Dialog und die Zusammenarbeit und tragen dazu bei, die Ideale der Freimaurerei weltweit zu verbreiten.

Zusammenfassung

Die internationale Freimaurerei ist geprägt von Vielfalt, Einzigartigkeit und Zusammenarbeit, die die universellen Ideale der Freimaurerei widerspiegeln. Durch ihre Logen in verschiedenen Ländern der Welt tragen Freimaurer dazu bei, eine bessere und gerechtere Welt zu schaffen, die auf den Prinzipien von Brüderlichkeit, Toleranz und persönlicher Entwicklung beruht.

Die Freimaurer im digitalen Zeitalter: Technologische Entwicklungen - Die Anpassung an das digitale Zeitalter

Mit dem Einzug des digitalen Zeitalters stehen auch die Freimaurer vor neuen Herausforderungen und Möglichkeiten. In diesem Kapitel werden wir untersuchen, wie sich die Freimaurerei den technologischen Entwicklungen anpasst und welche Auswirkungen dies auf ihre Praktiken und Organisationen hat.

Online-Kommunikation und Vernetzung

Die Verbreitung des Internets hat die Kommunikation und Vernetzung unter den Freimaurern revolutioniert. Logen und Großlogen nutzen nun Websites, soziale Medien und Online-Plattformen, um Informationen auszutauschen, Veranstaltungen zu organisieren und Mitglieder zu erreichen. Dies ermöglicht eine schnellere und effizientere Kommunikation über große Entfernungen hinweg und trägt zur Stärkung der freimaurerischen Gemeinschaft bei.

Virtuelle Logen und Zeremonien

Mit der Entwicklung von Videokonferenz- und Streaming-Technologien sind auch virtuelle Logen und Zeremonien möglich geworden. Mitglieder können sich nun online treffen, um Rituale durchzuführen, Vorträge zu halten und sich auszutauschen, ohne physisch anwesend zu sein. Dies eröffnet neue Möglichkeiten für Freimaurer, unabhängig von geografischen Einschränkungen an freimaurerischen Aktivitäten teilzunehmen und sich zu engagieren.

Digitale Ressourcen und Bildung

Das Internet bietet auch eine Fülle von digitalen Ressourcen und Bildungsmaterialien für Freimaurer. Von historischen Texten und Ritualen bis hin zu Lehrvideos und Podcasts gibt es eine Vielzahl von Online-Materialien, die es Mitgliedern ermöglichen, ihr Wissen über die Freimaurerei zu vertiefen und zu erweitern. Diese digitalen Ressourcen tragen dazu bei, die Bildung und Weiterentwicklung der Freimaurerei zu fördern und sie einem breiteren Publikum zugänglich zu machen.

Datenschutz und Sicherheit

Trotz der vielen Vorteile der digitalen Technologie stehen die Freimaurer auch vor Herausforderungen im Bereich Datenschutz und Sicherheit. Angesichts der Sensibilität ihrer Aktivitäten und der Notwendigkeit der Vertraulichkeit müssen Logen und Großlogen sicherstellen, dass ihre Online-Kommunikation und Datenverarbeitung den höchsten Standards in Bezug auf Datenschutz und Sicherheit entsprechen.

Zusammenfassung

Das digitale Zeitalter bietet sowohl Chancen als auch Herausforderungen für die Freimaurerei. Durch die Nutzung neuer Technologien können die Freimaurer ihre Kommunikation und Zusammenarbeit verbessern, ihre Bildungsangebote erweitern und ihre Mitglieder besser erreichen. Gleichzeitig müssen sie jedoch sicherstellen, dass ihre Nutzung digitaler Technologien im Einklang mit den Prinzipien und Werten der Freimaurerei steht und die Vertraulichkeit und Integrität ihrer Organisationen gewahrt bleibt.

Die Freimaurerei heute: Strukturen und Organisationen - Die moderne Freimaurerei

Die Freimaurerei hat sich im Laufe der Zeit weiterentwickelt und angepasst, um den sich verändernden gesellschaftlichen und kulturellen Bedingungen gerecht zu werden. In diesem Kapitel werden wir einen Blick auf die Strukturen und Organisationen der Freimaurerei heute werfen und untersuchen, wie sie funktionieren und sich organisieren.

Großlogen und Logen

Die Freimaurerei ist in verschiedene Großlogen und Logen gegliedert, die jeweils ihre eigenen Strukturen und Organisationen haben. Großlogen sind die obersten Entscheidungsgremien der Freimaurerei und vertreten die Interessen ihrer Mitglieder auf nationaler oder regionaler Ebene. Sie setzen die Regeln und Standards der Freimaurerei fest und unterstützen die Logen bei ihrer Arbeit. Logen sind lokale Einheiten der Freimaurerei, in denen die Mitglieder regelmäßig zusammenkommen, um Rituale durchzuführen, Vorträge zu hören und sich auszutauschen.

Gradsystem und Rituale

Die Freimaurerei verwendet ein Gradsystem, um die Fortschritte ihrer Mitglieder zu verfolgen und zu würdigen. Die meisten Logen folgen einem Drei-Grad-System, das aus den Graden des Lehrlings, des Gesellen und des Meisters besteht. Die Rituale, die mit jedem Grad verbunden sind, sind symbolisch und allegorisch und dienen dazu, moralische und spirituelle Lehren zu vermitteln und die Mitglieder bei ihrer persönlichen Entwicklung zu unterstützen.

Soziales Engagement und humanitäre Arbeit

Viele Logen und Großlogen engagieren sich auch in sozialen und humanitären Projekten, um ihrer Gemeinschaft zu dienen und die Ideale der Freimaurerei in die Praxis umzusetzen. Dies kann die Unterstützung von Wohltätigkeitsorganisationen, die Förderung von Bildungsinitiativen oder die Bereitstellung von humanitärer Hilfe in Krisengebieten umfassen. Durch ihr soziales Engagement tragen die Freimaurer dazu bei, eine bessere und gerechtere Welt zu schaffen und die Ideale von Brüderlichkeit und Toleranz zu verwirklichen.

Internationale Zusammenarbeit und Vernetzung

Die Freimaurerei ist auch international vernetzt und arbeitet eng mit anderen freimaurerischen Organisationen auf der ganzen Welt zusammen. Durch internationale Treffen, Konferenzen und Austauschprogramme fördern die Freimaurer den interkulturellen Dialog und die Zusammenarbeit und tragen dazu bei, die Ideale der Freimaurerei weltweit zu verbreiten und zu festigen.

Zusammenfassung

Die Freimaurerei ist heute eine vielfältige und lebendige Organisation, die sich überall auf der Welt manifestiert. Durch ihre Strukturen und Organisationen, ihre Rituale und Traditionen sowie ihr soziales Engagement und ihre internationale Zusammenarbeit trägt die Freimaurerei dazu bei, eine bessere und gerechtere Welt zu schaffen und die Ideale von Brüderlichkeit, Toleranz und persönlicher Entwicklung zu fördern.

Kontroversen und Verschwörungstheorien um die Freimaurer - Die Faszination und Anfeindungen

Die Freimaurerei hat im Laufe ihrer Geschichte eine Faszination, aber auch Anfeindungen ausgelöst. In diesem Kapitel werden wir uns mit den Kontroversen und Verschwörungstheorien beschäftigen, die um die Freimaurer kursieren und ihre Ursprünge sowie Auswirkungen untersuchen.

Historische Vorurteile und Misstrauen

Schon früh in der Geschichte der Freimaurerei wurden Vorurteile und Misstrauen gegenüber der Organisation laut. Insbesondere in der frühen Neuzeit, als Geheimbünde und Logen an Macht und Einfluss gewannen, entstanden Gerüchte und Spekulationen über die wahren Absichten der Freimaurer. Diese Vorurteile wurden oft von religiösen oder politischen Gruppen geschürt, die die Freimaurerei als Bedrohung für ihre eigenen Interessen betrachteten.

Verschwörungstheorien und Geheimniskrämerei

Im Laufe der Zeit haben sich zahlreiche Verschwörungstheorien um die Freimaurerei entwickelt, die von ihrer angeblichen

Kontrolle über Regierungen und Finanzsysteme bis hin zu dunklen Ritualen und Machtmissbrauch reichen. Diese Theorien beruhen oft auf Missverständnissen oder falschen Interpretationen freimaurerischer Symbole und Rituale und werden von Sensationsmedien und populistischen Gruppen verbreitet, um Ängste zu schüren und Misstrauen zu schüren.

Widerlegung und Aufklärung

Trotz der weit verbreiteten Verbreitung von Verschwörungstheorien haben viele Freimaurerorganisationen versucht, diese Vorurteile und Fehlinformationen zu widerlegen und aufzuklären. Sie betonen die humanitären und philanthropischen Ziele der Freimaurerei sowie ihre Bemühungen um persönliche Entwicklung und spirituelles Wachstum. Durch Öffentlichkeitsarbeit und Aufklärungskampagnen versuchen sie, das Bild der Freimaurerei zu korrigieren und Vorurteile abzubauen.

Die Rolle des Internets und der sozialen Medien

Das Internet und die sozialen Medien haben die Verbreitung von Verschwörungstheorien über die Freimaurerei noch weiter beschleunigt und verstärkt. Durch anonyme Foren und Plattformen können Verschwörungstheoretiker ihre Ansichten leicht verbreiten und neue Anhänger gewinnen. Gleichzeitig haben Freimaurerorganisationen begonnen, sich verstärkt in den sozialen Medien zu engagieren, um ihre Botschaft zu verbreiten und den Dialog mit der Öffentlichkeit zu fördern.

Zusammenfassung

Die Kontroversen und Verschwörungstheorien um die Freimaurerei sind ein Spiegelbild der komplexen Beziehung zwischen Macht, Geheimnis und Öffentlichkeit. Während einige Menschen die Freimaurerei als Bedrohung für die Gesellschaft betrachten, sehen andere sie als Quelle der Inspiration und persönlichen Entwicklung. Durch offene Kommunikation und Aufklärung können viele der Vorurteile und Missverständnisse über die Freimaurerei überwunden werden, und ein Dialog basierend auf gegenseitigem Respekt und Verständnis kann gefördert werden.

Zukunftsaussichten: Wohin entwickelt sich die Freimaurerei - Die Evolution einer uralten Tradition

Die Freimaurerei hat im Laufe ihrer Geschichte zahlreiche Veränderungen durchlaufen und sich den gesellschaftlichen, kulturellen und technologischen Entwicklungen angepasst. In diesem Kapitel werden wir einen Blick darauf werfen, wie sich die Freimaurerei möglicherweise in der Zukunft weiterentwickeln könnte und welche Trends und Entwicklungen zu erwarten sind.

Modernisierung und Anpassung

Eine der wichtigsten Herausforderungen für die Freimaurerei in der Zukunft wird die Modernisierung und Anpassung an die sich verändernde Welt sein. Dies könnte bedeuten, dass traditionelle Rituale und Strukturen überdacht und aktualisiert werden, um den Bedürfnissen und Erwartungen moderner Mitglieder gerecht zu werden. Gleichzeitig werden die Freimaurer weiterhin ihre Werte und Ideale bewahren und verteidigen, die seit Jahrhunderten die Grundlage ihrer Organisation bilden.

Inklusion und Vielfalt

Ein weiterer wichtiger Trend in der Zukunft der Freimaurerei wird die Förderung von Inklusion und Vielfalt sein. Immer mehr Logen und Großlogen erkennen die Bedeutung der Einbeziehung von Menschen unterschiedlicher Geschlechter, Ethnien, Religionen und Hintergründe in ihre Organisationen. Durch die Schaffung einer offenen und toleranten Umgebung können die Freimaurer ihre Gemeinschaft stärken und ihre Botschaft der Brüderlichkeit und Toleranz noch stärker verbreiten.

Bildung und Weiterentwicklung

Die Bildung und Weiterentwicklung der Mitglieder wird auch in Zukunft ein zentraler Schwerpunkt der Freimaurerei sein. Durch die Förderung von Bildungsprogrammen, Seminaren und Workshops können die Freimaurer ihre Mitglieder dabei unterstützen, ihr Wissen über die Freimaurerei zu vertiefen und ihre persönliche Entwicklung voranzutreiben. Gleichzeitig werden die Freimaurer verstärkt auf die Nutzung digitaler Technologien setzen, um ihre Bildungsangebote zu erweitern und einem breiteren Publikum zugänglich zu machen.

Soziales Engagement und humanitäre Arbeit

Das Engagement in sozialen und humanitären Projekten wird auch in Zukunft ein zentraler Bestandteil der Freimaurerei sein. Durch die Unterstützung von Wohltätigkeitsorganisationen, Bildungsinitiativen und humanitären Hilfsprojekten können die

Freimaurer ihre Werte in die Praxis umsetzen und einen positiven Beitrag zur Gesellschaft leisten. Dabei werden sie weiterhin darauf achten, dass ihre Aktivitäten im Einklang mit den Prinzipien der Freimaurerei stehen und einen nachhaltigen und langfristigen Nutzen für die Gemeinschaft bringen.

Schlussgedanken

Die Zukunft der Freimaurerei ist geprägt von Veränderung, Anpassung und Innovation. Indem sie ihre Werte bewahren und gleichzeitig auf die Bedürfnisse und Herausforderungen der modernen Welt eingehen, können die Freimaurer ihre Organisation weiter stärken und ihre Botschaft der Brüderlichkeit, Toleranz und persönlichen Entwicklung in die Zukunft tragen.

Über den Autor

Lutz Spilker wurde im Jahre 1955 in Duisburg geboren.

Bevor er zum Schreiben von Romanen und Dokumentationen fand, verließen bisher unzählige Kurzgeschichten, Kolumnen und Versdichtungen seine Feder.

In seinen Büchern befasst er sich vorrangig mit dem menschlichen Bewusstsein und der damit verbundenen Wahrnehmung. Seine Grenzen sind nicht die, welche mit der Endlichkeit des Denkens, des Handelns und des Lebens begrenzt werden, sondern jene, die der empirischen Denkform noch nicht unterliegen.

Es sind die Möglichkeiten des Machbaren, die Dinge, welche sich allein in der Vorstellung eines jeden Menschen darstellen und aufgrund der Flüchtigkeit des Geistes unbewiesen bleiben. Die Erkenntnis besitzt ihre Gültigkeit lediglich bis zur Erlangung einer neuen und die passiert zu jeder weiteren Sekunde.

Die Welt von Lutz Spilker beginnt dort, wo zu Beginn allen Seins nichts Fassbares war, als leerer Raum. Kein Vorne, kein Hinten, kein Oben und kein Unten. Kein Glaube, kein Wissen, keine Moral, keine Gesetze und keine Grenzen. Nichts.

In Lutz Spilkers Romanen passieren heimtückische Morde ebenso wie die Zauber eines Märchens. Seine Bücher sind oftmals Thriller, Krimi, Abenteuer, Science Fiction, Fantasy und selbst Love-Story in einem.

»Ich liebe die Sprache: Sie vermag zu streicheln, zu liebkosen und zu Tränen zu rühren. Doch sie kann ebenso stachelig sein, wie der Dorn einer Rose und mit nur einem Hieb zerschmettern.«

In dieser Reihe sind bisher erschienen

Die Erfindung der Langeweile
Die Erfindung des Menschen
Die Erfindung des Geldes
Die Erfindung des Teufels
Die Erfindung des Erfolgs
Die Erfindung der Sterblichkeit
Die Erfindung der Lüge
Die Erfindung der Freiheit
Die Erfindung des Todes
Die Erfindung der Welt
Die Erfindung des Inselmenschen
Die Erfindung der Zeit
Die Erfindung der Seele
Die Erfindung der Politik
Die Erfindung des Gewissens
Die Erfindung der Religion
Die Erfindung der Schuld
Die Erfindung der Gerechtigkeit
Die Erfindung des Friedens
Die Erfindung des Selbstgesprächs
Die Erfindung der Zukunft
Die Erfindung der Pornographie
Die Erfindung der Verschwendung
Die Erfindung des Erwachsenseins
Die Erfindung der Hölle
Die Erfindung der Überbevölkerung
Die Erfindung des Himmels
Die Erfindung der Monarchie
Die Erfindung der Unterhaltung
Die Erfindung der Sprache

Die Erfindung der Musik
Die Erfindung der Wiedergeburt
Die Erfindung des Zufalls
Die Erfindung der Namen
Die Erfindung des Bewusstseins
Die Erfindung des freien Willens
Die Erfindung des Wahrsagens
Die Erfindung der Körpersprache
Die Erfindung des Schlafs
Die Erfindung der Sklaverei
Die Erfindung der Angst
Die Erfindung der Vernunft
Die Erfindung des Vollmonds
Die Erfindung des Vitamin B
Die Erfindung des Make-Up
Die Erfindung des Weihnachtsfestes
Die Erfindung des Ku-Klux-Klan
Die Erfindung des Träumens
Die Erfindung der Flaschenpost
Die Erfindung der Mafia
Die Erfindung der Freimaurer
Die Erfindung der Freibeuter
Die Erfindung der Raumfahrt
Die Erfindung der Tempelritter
Die Erfindung des ADHS-Syndroms
Die Erfindung der Homöopathie
Die Erfindung der Freizeitparks

MIX

Papier | Fördert
gute Waldnutzung

FSC® C083411

Zeitfracht Medien GmbH
Ferdinand-Jühlke-Straße 7
99095 Erfurt, Deutschland
produktsicherheit@kolibri360.de